Impressum
Verlag: BABADADA GmbH, Nedderfeld 112 , 22529 Hamburg
Geschäftsführer / Verlagsleitung: Harald Hof
Druck: Books on Demand GmbH, In de Tarpen 42, 22848 Norderstedt

Imprint
Publisher: BABADADA GmbH, Nedderfeld 112 , 22529 Hamburg, Germany
Managing Director / Publishing direction: Harald Hof
Print: Books on Demand GmbH, In de Tarpen 42, 22848 Norderstedt

قوتابخانە

colegio

پۆل
aula
دابەشکردن
dividir
186/2
تەختە
pizarrón
patio de escuela
مامۆستا
maestro
کاغەز
papel
نووسین
escribir
پێنووس
birome
مێزی نووسین
escritorio
خەتکێش
regla
کتێب
libro
خوێندکار
alumno

چەواڵ

mochila

جانتای پێنووس

caja de lápices

پێنووس

lápiz

تیژکەرەوەی پێنووس

sacapuntas

ڕەشکەرەوە

goma (de borrar)

پەڕەی نیگارکێشان

bloc de dibujo

نیگارکێشان

dibujo

فڵچەی ڕەنگ

pincel

قوتووی ڕەنگ

caja de pinturas

مەقەست

tijera

چەسپ، کەتیرە

pegamento

کتێبی ڕاهێنان

cuaderno de ejercicios

کاری مأڵەوە

tarea

12

ژماره

número

2+2

زیدەکردن

sumar

5-2

کەمکردن

restar

2×2

لێکدان

multiplicar

42

حسابکردن، ژماردن

calcular

A

پیت

letra

ABCDEFG
HIJKLMN
OPQRSTU
VWXYZ

ئەلفوبێ

abecedario

hello

وشه

palabra

نووسراوه، دەق

texto

خوێندنەوه

leer

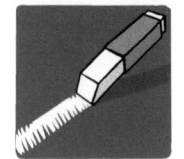

گەچ

tiza

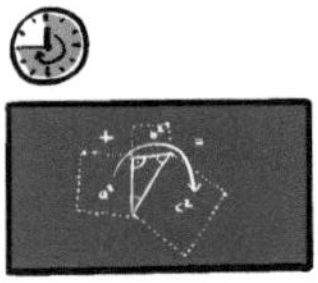

خول، دەرس

lección

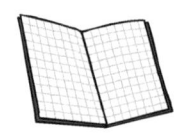

تۆمارکردن

cuaderno de clase

ئەزموون، تاقیکردنەوه

examen

بڕوانامه

certificado

جلی قوتابخانه

uniforme escolar

پەروەرده

educación

زانیاری نامه

enciclopedia

زانکۆ

universidad

میکرۆسکۆپ

microscopio

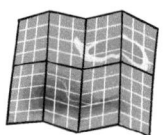

خەریتە، نەخشه

mapa

سەبەتەی کاغەز

tacho (de basura)

میوانخانە، هۆتێل
hotel
میوانخانە
hostel
نووسینگەی گۆڕینەوەی دراو
casa de cambio
جانتا، ساک
valija
ئۆتۆمۆبیل
auto

زمان

idioma

بەڵێ / نەخێر

sí / no

باشە

Está bien

سڵاو

hola

وەرگێڕی دەق

traductor

سپاس

Gracias

بەچەندە ...؟

¿cuánto cuesta...?

من تێناگەم

No entiendo

کێشە

problema

ئێوارە باش!

¡Buenas tardes!

بەیانی باش!

¡Buenos días!

شەو باش!

¡Buenas noches!

ماڵئاوا، بەخێرچی

adiós

ئاراستە، ڕێڕەو

dirección

جانتا

equipaje

جانتا

bolso

کۆڵەپشتی

mochila

میوان

invitado

ژوور، دیو

habitación

کیسەخەو

bolsa de dormir

چادر، دەوار

carpa

زانیاری بۆ گەشتیار

....

información turística

کەناراو

....

playa

کارتی قەرز

....

tarjeta de crédito

نانی بەیانی

....

desayuno

نانی نیوەڕۆ

....

almuerzo

نانی شەو

....

cena

بلیت

....

pasaje

ئاسانسۆر

....

ascensor

پوول، تەمر

....

sello

سنوور

....

frontera

گومرک

....

aduana

باڵوێزخانە

....

embajada

ڤیزا

....

visa

پاسەپۆرت

....

pasaporte

گواستنەوە
transporte

فڕۆکە
avión
کەشتی
barco
مەکینەی ئاگرکوژێنەوە
autobomba
پاس
colectivo
لۆری
camión
بەلەمی ماتۆڕی
lancha a motor
دووچەرخە، پایسکل
bicicleta
ئۆتۆمۆبیل
auto

کەشتی گواستنەوە

ferry

بەلەمی ماتۆڕی

bote

ماتۆڕ

moto

ئوتومبێلی پۆلیس

patrullero

ئوتومبێلی پێشبڕکێ

auto de carreras

ئۆتۆمۆبیلی کرێ

auto de alquiler

ئۆتۆمۆبیل هاوبەشکردن

....

alquiler de autos

لۆری ڕاکێشکردن

....

grúa

لۆری زبڵ

....

camión de basura

ماتۆڕ

....

motor

سووتەمەنی

....

nafta

وێستگەی بەنزین

....

estación de servicio

تابڵۆی هاتووچۆ

....

señal de tránsito

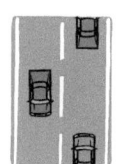

هاتووچۆ

....

tránsito

ترافیک

....

embotellamiento

شوێنی ڕاگرتنی ئۆتۆمۆبێل

....

estacionamiento

وێستگەی شەمەندەفەر

....

estación de tren

هێڵی ئاسن

....

vías

شەمەندەفەر

....

tren

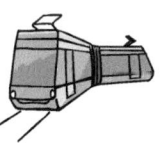

قەتاری سەرشەقام

....

tranvía

داشقە

....

vagón

هەلیکۆپتەر

helicóptero

فڕۆکەخانە

aeropuerto

بورج

torre

نەفەر

pasajero

دەفر، کانتینەر

contenedor

کارتۆن

caja de cartón

داشقە

carretilla

سەوەتە

canasta

هەڵفڕین / نیشتن

despegar / aterrizar

شار

ciudad

گوند، دێهات

pueblo

ناوەندی شار

centro de ciudad

ماڵ، خانوو

casa

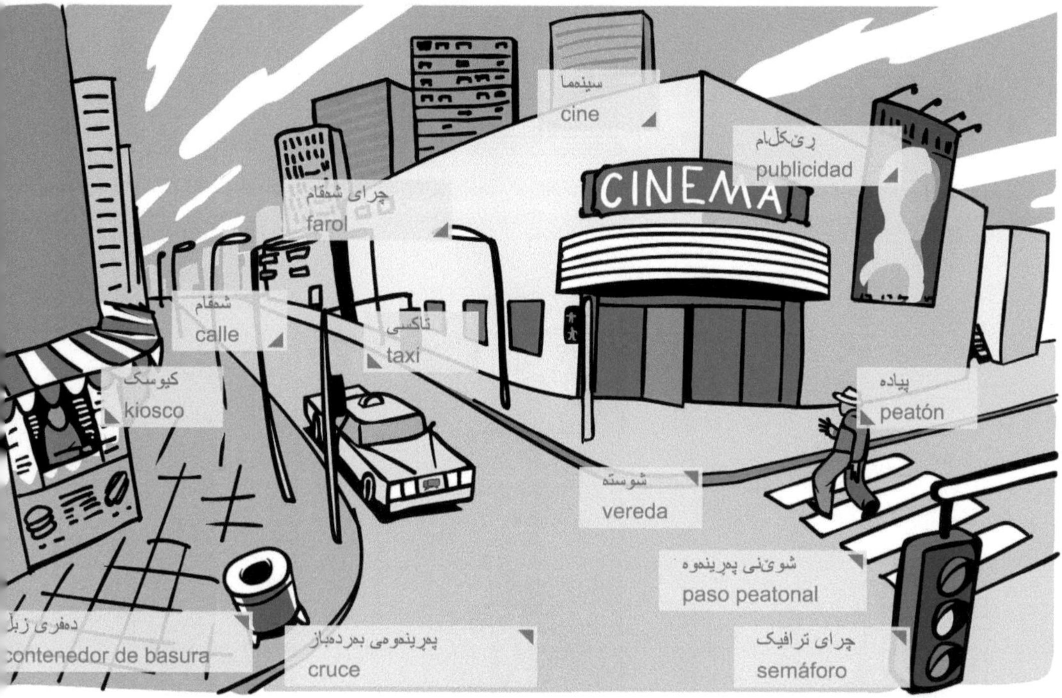

سینەما
cine

ڕێکلام
publicidad

چرای شەقام
farol

شەقام
calle

تاکسی
taxi

کیوسک
kiosco

پیادە
peatón

شوستە
vereda

دەفری زبڵ
contenedor de basura

پەڕینەوەی بەردەباز
cruce

شوێنی پەڕینەوه
paso peatonal

چرای ترافیک
semáforo

خانووچکه
cabaña

نهۆم، باڵەخانه
departamento

وێستگەی شەمەندەفەر
estación de tren

کۆشکی شارەوانی
municipalidad

مۆزەخانه
museo

قوتابخانه
colegio

زانکۆ

....

universidad

بانک

....

banco

نەخۆشخانە، خەستەخانە

....

hospital

میوانخانە، هۆتێل

....

hotel

دەرمانخانە

....

farmacia

نووسینگە، فەرمانگە

....

oficina

کتێبفرۆشی

....

librería

دووکان

....

negocio

گوڵفرۆشی

....

florería

سوپەرمارکێت

....

supermercado

بازار

....

mercado

فرۆشگا

....

grandes tiendas

ماسیفرۆش

....

pescadería

ناوەندی کڕین

....

centro comercial

بەندەر

....

puerto

پارک

parque

کورسی درێژ

banco

پرد

puente

پێ پیلکان

escaleras

ژێرزەوی

subte

تونێل

túnel

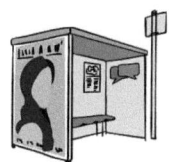

وێستگەی پاس

parada del colectivo

مەیخانە

bar

ڕێستورانت

restaurante

سندووقی پۆست

buzón

تابلۆی شەقام

letrero

پێوەری پارکینگ

parquímetro

باخچەی ئاژەڵان

zoológico

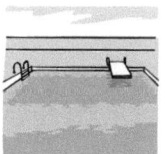

حەوزی مەلە

pileta

مزگەوت

mezquita

مەزرا

granja

پیسبوونی ژینگە

contaminación

قەبرستان، گۆڕستان

cementerio

کەنیسە

iglesia

شوێنی یاری

juegos infantiles

پەرستگا

templo

دیمەن

paisaje

گەڵا
hoja
تابلۆی ڕێنیشاندەر
poste indicador
ڕێگا
camino
مێرگ
pradera
بەرد
piedra
دار
árbol
شاخەوان
excursionista
ڕووبار، چەم
río
گژوگیا
hierba
گوڵ
flor

دۆڵ، شیو

valle

بەرزایی

montaña

دەریاچە

lago

دارستان

bosque

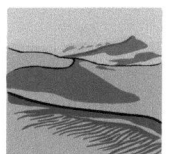

چۆڵەوار

desierto

بورکان

volcán

قەڵا

castillo

کۆلکەزێڕینە

arco iris

کارگ

champiñón

دارخورما

palmera

مێشوولە

mosquito

مێشوولە

mosca

مێروولە

hormiga

مێش هەنگوین

abeja

جاڵجاڵووکە

araña

قاڵۆنچە

escarabajo

بۆق

rana

سمۆرە

ardilla

ژیشک

erizo

کەروێشکە کێوی

liebre

کوند

lechuza

باڵەندە

pájaro

قازی سپی

cisne

بەرازی کێوی

jabalí

ئاسک

ciervo

بزنە کێوی

alce

بەنداو

presa

توربینی با

aerogenerador

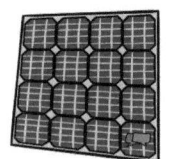

پەڕمی خۆری

panel solar

ئاوو هەوا

clima

خزمەتکار
mozo
لیستە، پێڕست
menú
کورسی
silla
سووپ، شۆرباو
sopa
پیتزا
pizza
چەقۆ و چەتاڵ
cubiertos
سفرە
mantel

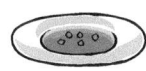

خواردنی دەستپێک

entrada

خواردنی سەرەکی

plato principal

دێسێر

postre

خواردنەوە

bebidas

خواردن

comida

بوتڵ

botella

خواردنی خێرا

comida rápida

خواردنی سەرشەقام

comida callejera

قۆری

tetera

قوتووی شەکر

azucarera

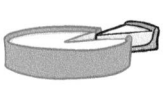

بەش

porción

ئامێری سازکردنی قاوەی ئێسپرەسۆ

cafetera expreso

کورسی بەرز

sillita alta

تێچوو

cuenta

کەشەف

bandeja

چەقۆ

cuchillo

چنگاڵ

tenedor

کەوچک

cuchara

کەوچکی چا

cucharita

دەسماڵ

servilleta

لیوان، پەرداخ

vaso

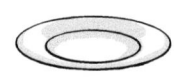

قاپ، دەوری، دەفر

plato

قاپی شۆرباو

plato hondo

ژێرپیاڵه

plato

سۆس

salsa

خوێدان

salero

هاڕەری بیبار

molinillo de pimienta

سرکە

vinagre

ڕۆن

aceite

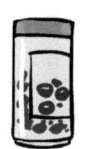

بەهارات

especias

دۆشاوی تەمات، سۆسی تەماته

kétchup

سۆسی موستارد

mostaza

سۆسی مایۆنێز

mayonesa

سوپەرمارکێت

supermercado

داشکاندنی تایبەتی
oferta especial
مشتەری
cliente
شیرەمەنی
lácteos
میوە
fruta
داشقە
changuito

دووکانی قەسابی

....

carnicería

نانەواخانە

....

panadería

کێشان

....

pesar

سەوزی

....

verduras

گۆشت

....

carne

خواردنی بەستوو

....

alimentos congelados

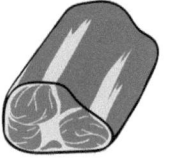

گۆشتی سارد

fiambres

خواردنی کۆنسێرو

alimentos enlatados

دەرمانی بشۆر

detergente en polvo

شیرینی

golosinas

بەرهەمی خۆماڵی

electrodomésticos

بەرهەمی خاوێنکردنەوە

productos de limpieza

فرۆشیار

vendedora

ژمێرەر

caja

ژمێریار، خەزەندار

cajero

لیستی کڕین

lista de compras

کاتی دەوام

horario de atención

کیسەباخەڵ، جزدان

billetera

کارتی قەرز

tarjeta de crédito

توورەکە، کیسە

cartera

توورەکە

bolsa de plástico

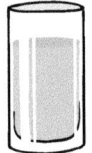

خواردنەوە

bebidas

ئاو

....

agua

شەربەت

....

jugo

شیر

....

leche

خەڵووز

....

bebida cola

شەراب

....

vino

بیرە

....

cerveza

ئەڵکۆڵ

....

alcohol

کاکاو

....

cacao

چایی، چا

....

té

قاوە

....

café

قاوەی ئێسپرەسۆ

....

café expreso

کاپۆچینۆ

....

cappuccino

مۆز

banana

سێو

manzana

پرتەقاڵ

naranja

کاڵەک

melón

لیمۆ

limón

گێزەر

zanahoria

سیر

ajo

حەیزەران

bambú

پیاز

cebolla

کارگ

champiñón

سەمموونە، گوێز، ناوکە

nueces

نوودڵ

fideos

ماكارۆنی
....
tallarines

برینج
....
arroz

زەلاتە
....
ensalada

چیپس
....
papas fritas

پەتاتەی برژاو، پەتاتەی سووروەکراو
....
papas fritas

پیتزا
....
pizza

هەمبرگەر
....
hamburguesa

ساندویچ، دۆندرمە
....
sándwich

پارچە گۆشت
....
churrasco

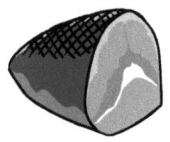

گۆشتی بەراز
....
jamón

گۆشتی بەراز
....
salame

سۆسیس
....
salchicha

مریشک
....
pollo

برژاندن، نرژان
....
asado

ماسی
....
pescado

شۆرباوی ساوار

copos de avena

دانەوێڵەی تێکەڵ

muesli

دانەی دانەوێڵە

copos de maíz

ئارد

harina

کرۆسانت، نانێکی فەرەنسی

medialuna

نانی خڕ

pancito

نان

pan

نانی برژاو

tostada

بسکیت

galletitas

کەرە، ڕۆنی کەرە

manteca

سەرتوێژ، توێژ

cuajada

کەیک

torta

هێلکە

huevo

هێلکەی برژاو

huevo frito

پەنیر

queso

بەستەنی، دۆندرمە

helado

شەکر

azúcar

هەنگوین

miel

مرەبا

mermelada

خامەی نۆگات

pasta de chocolate

بەهارات

curry

granja

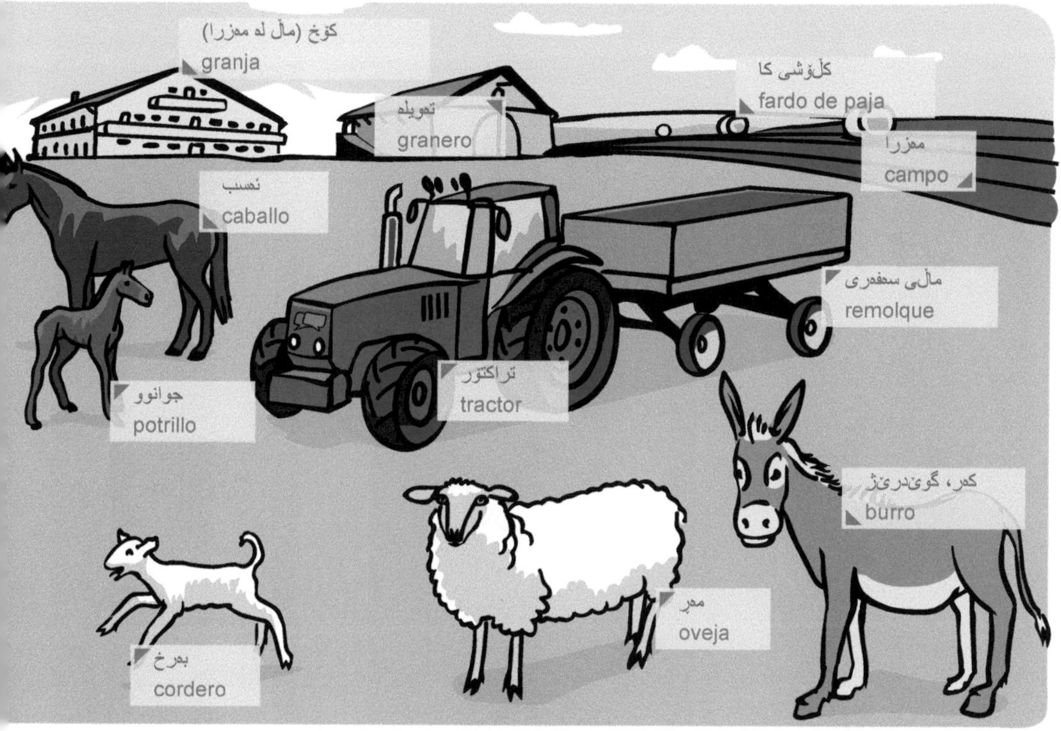
کۆخ (ماڵ لە مەزرا)
granja
تەویلە
granero
کڵۆشی کا
fardo de paja
مەزرا
campo
ئەسب
caballo
ماڵی سەفەری
remolque
تراکتۆر
tractor
جوانوو
potrillo
کەر، گوێدرێژ
burro
مەڕ
oveja
بەرخ
cordero

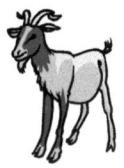

بزن
....
cabra

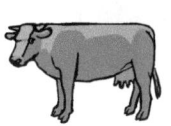

مانگا
....
vaca

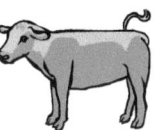

گوێلک
....
ternero

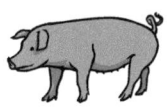

بەراز
....
cerdo

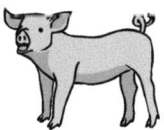

فەرخە بەراز
....
lechón

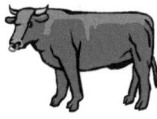

جوانەگا
....
toro

قاز

....

ganso

مراوی

....

pato

جووچک

....

pollo

مریشک

....

gallina

که‌ڵه‌شێر

....

gallo

جرج

....

rata

پشیله

....

gato

مشک

....

ratón

گا

....

buey

سه، سه‌گ

....

perro

کونه سه

....

cucha

سۆنده

....

manguera

تونگه‌ی ئاودان

....

regadera

ماڵه‌غان

....

guadaña

گاسن

....

arado

داس

hoz

مەڕە

azada

شەنە

horquilla

تەور

hacha

عارەبانەی دەستیی

carretilla

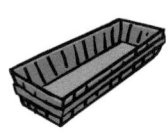

دەفری خواردنی ئاژەڵان

abrevadero

دەفری شیر

lechera

تەلیس

bolsa

پەرژین

reja

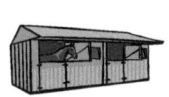

تەویلە

establo

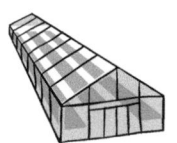

گوڵخانە

invernadero

خۆڵ

suelo

دەنک، نۆک

semilla

پەین

fertilizador

کۆمباین

cosechadora

دروێنەکردن

....

cosechar

خەرمان

....

cosecha

پەتاتە

....

batatas

گەنم

....

trigo

لووبیا، فاسۆلیا

....

soja

پەتاتە

....

papa

گەنمەشامی

....

maíz

جۆرێک دەخڵودان

....

semilla de colza

داری بەری

....

árbol frutal

سێوبنەعەرزیلە

....

mandioca

دانەوێلەی تێکەڵ

....

cereales

ماڵ، خانوو

casa

دووکەڵکێش
chimenea
سەربان
techo
caño de desagüe
پەنجەرە
ventana
گەراژ
garaje
زەنگی دەرگا
timbre
دەرگا
puerta
دەفری زبڵ
tacho de basura
سندووقی نامە
buzón
باخ
jardín

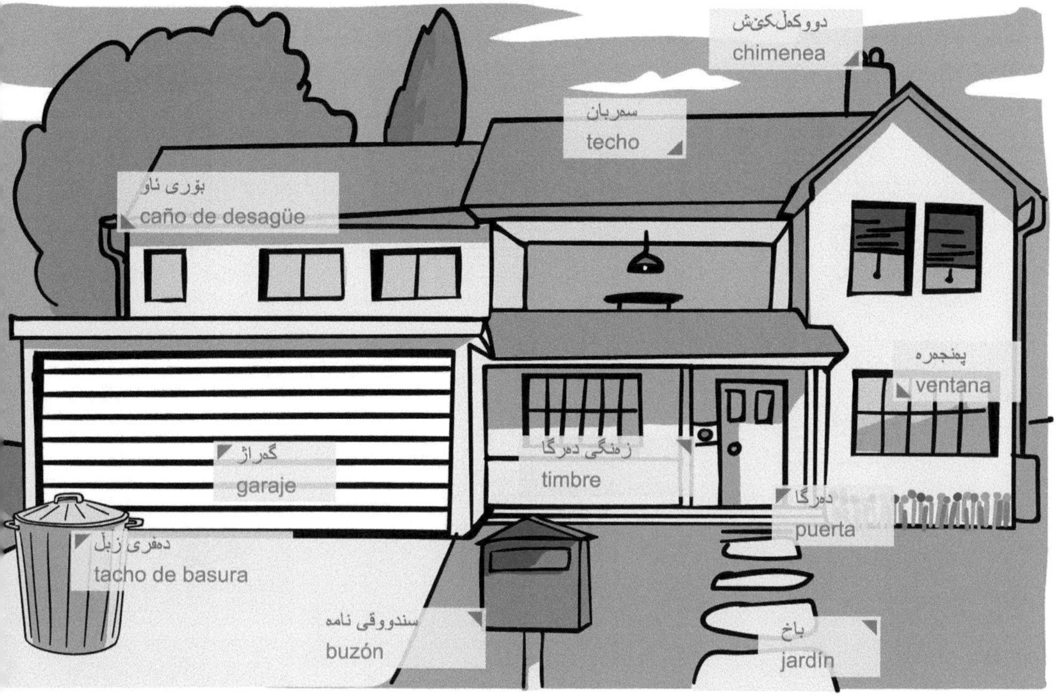

ژووری دانیشتن

living

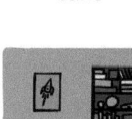

حەمام، ئاودەستخانە

baño

چێشتخانە

cocina

ژووری خەو

dormitorio

ژووری منداڵ

cuarto de los chicos

ژووری نانخوارن

comedor

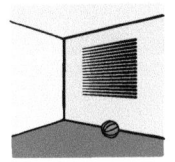

داڵان، ئەرز

piso

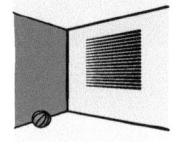

دیوار

pared

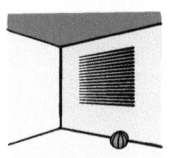

بن میچ

cielorraso

ژێرزەمین

sótano

ساونا

sauna

باڵکۆن، هەیوان

balcón

هەیوان

terraza

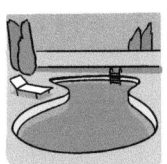

حەوز، مەلەوانگە

pileta

گژوگیابڕ

cortadora de pasto

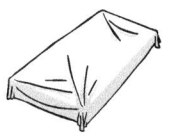

مەلافە

sábana

مەلافەی نوێن

acolchado

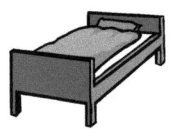

پێخەف، نوێن

cama

گسک

escoba

سەتڵ

balde

سویچ، کلیل

interruptor

ژووری دانیشتن
living

کاغەزی دیواری
empapelado
وێنە
imagen
لامپ، چرا، گڵۆب
lámpara
ڕەفە
estante
کۆمێد
armario
تەلەفیزیۆن
televisión
ئاگردان
chimenea
گوڵ
flor
باڵەنج، سەرین
almohadón
سۆفا
sofá
گوڵدان
florero
کۆنترۆڵ لە ڕێگەی دوور
control remoto

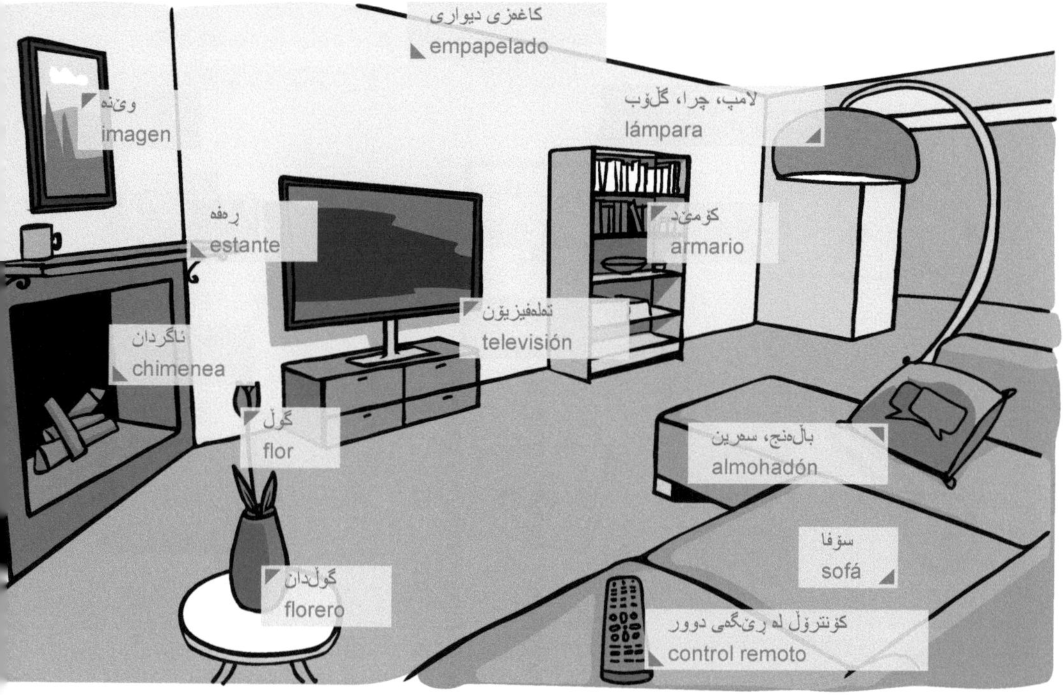

فەرش
alfombra

پەردە
cortina

مێز
mesa

کورسی
silla

کورسی ڕاژاندن
mecedora

کورسی دەسکدار
sillón

کتێب

libro

پەتوو، بەتانی

frazada

ڕازاندنەوە

decoración

داری سووتاندن

leña

فیلم

película

ستێریۆ

equipo de música

کلیل

llave

ڕۆژنامە

diario

نیگار، نیگارکێشان

pintura

پۆستەر

póster

ڕادیۆ

radio

تیانووس

cuaderno

گسکی کارەبایی

aspiradora

کاکتووس

cactus

مۆم

vela

چێشتخانە

cocina

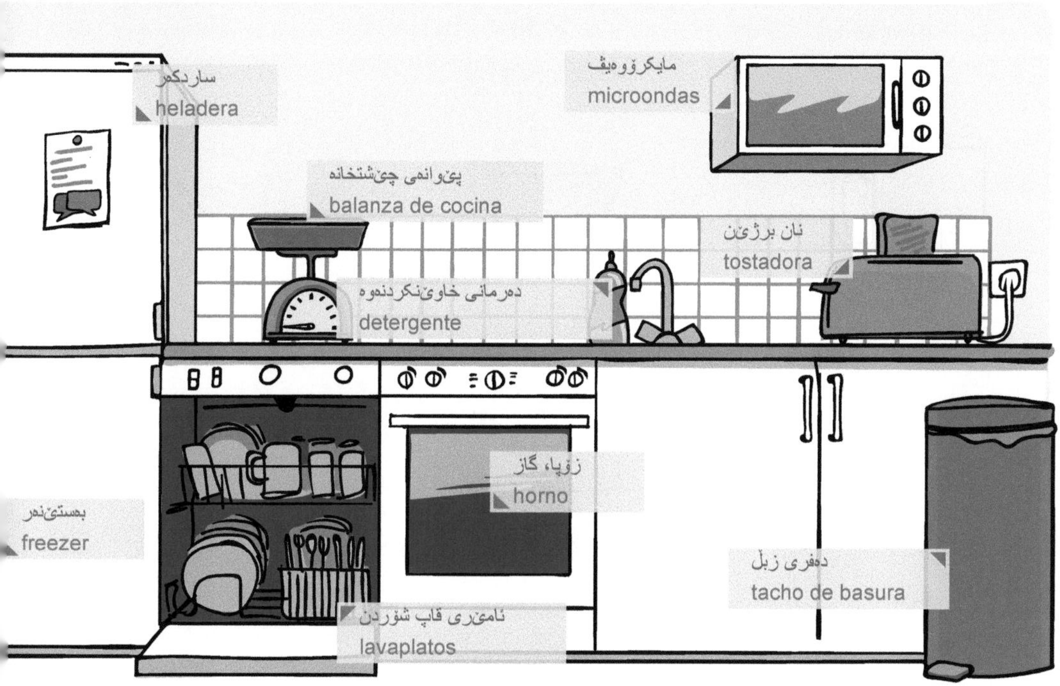

ساردکەر
heladera
مایکرۆوەیڤ
microondas
پێوانەی چێشتخانە
balanza de cocina
نان برژێن
tostadora
دەرمانی خاوێنکردنەوە
detergente
زۆپا، گاز
horno
بەستێنەر
freezer
دەفری زبڵ
tacho de basura
ئامێری قاپ شۆردن
lavaplatos

چێشتلێنەر
....
cocina

مەنجەڵ
....
olla

قاپی ئوتوو
....
olla de hierro fundido

تاوەی قووڵ
....
wok

تاوە
....
sartén

کتری، ئاوگەمکەر
....
pava

چێشتخانە - cocina 35

چێشتلێنەری هەڵمی

vaporera

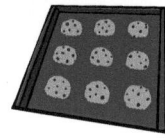

کەشەفی نانکردن

bandeja de horno

قاپ و قاچاغ

vajilla

کۆپ

taza

قاپ

bol

چیلکەی نانخواردن

palitos

ئەسکوێ

cucharón

کەوگیر

estpátula

گسک

batidora

سووزمە

colador

بێژنگ

colador

ئامێری جنینی پەنیر و سەوزە

rallador

دەستار

mortero

برژاندن

parrilla

ئاگر

fogata

تەختەی وردکردن

....

tabla de picar

تیرۆک

....

palo de amasar

بورغی فلین

....

sacacorchos

قوتوو

....

lata

قوتووکەرەوە

....

abrelatas

دەسرەی مەنجەڵ

....

manopla

دەسشۆر

....

pileta

فڵچە

....

cepillo

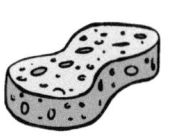

ئیسفەنج

....

esponja

تێکەڵکەر

....

batidora

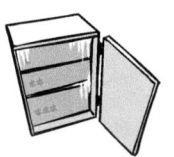

قەرەسی

....

congelador

شووشە شیر

....

mamadera

شێری ئاو

....

canilla

حەمام، ئاودەستخانە

baño

دووشی ئاو، خورژم
ducha
زۆپا/گەرمکەر
calefacción
خاولی
toalla
پەردەی حەمام
cortina de ducha
کەفی حەمام
baño de espuma
حەوزی حەمام
bañadera
لیوان، پەرداخ
vaso
ئامێری دەفرشوتن
lavarropas
canilla
کاشی
baldosas
ئاودەستی منداڵان
pelela
دەستشۆر
pileta

ئاودەست، توالێت

inodoro

توالێتی نزم، ئاودەست

letrina

جۆرێک توالێت

bidé

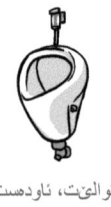

توالێت، ئاودەست

mingitorio

کاغەزی ئاودەستخانە

papel higiénico

فڵچەی ئاودەستخانە

cepillo para el inodoro

فڵچەی ددان
....
cepillo de dientes

خەمیری ددان
....
dentífrico

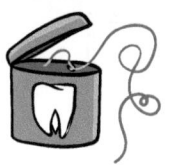

بەنی ددان
....
hilo dental

شۆردن، شوتن
....
lavar

خورژمی دەستی
....
ducha de mano

دووش
....
ducha higiénica

کاسەی دەستوچاوشوتن
....
palangana

فڵچەی پشت
....
cepillo para espalda

سابوون
....
jabón

جێڵی خۆشوتن
....
gel de ducha

شامپۆ
....
shampoo

فلانێل
....
toallita

ئاوەڕۆ
....
desagüe

کرێم
....
crema

بۆنخۆشکەرە
....
desodorante

ئاوێنە
....
espejo

ئاوێنەی دەستی
....
espejito

مەکینەی ڕیش تاشین
....
maquinita de afeitar

سابوونی ڕیش تاشین
....
espuma de afeitar

کرێمی دوای ڕیش تاشین
....
aftershave

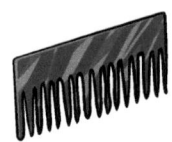

شانە
....
peine

فڵچە
....
cepillo

سێشوار، سەرئیشککەرەوە
....
secador de pelo

سپرەی قژ
....
spray

سووراوسپیاو
....
maquillaje

سووراو
....
lápiz de labios

ڕەنگی نینۆک
....
esmalte para uñas

لۆکە
....
algodón

مەقەستی نینۆک
....
tijera para uñas

عەتر
....
perfume

کیسەی حەمام
....
portacosméticos

کورسی بێ پشت
....
banqueta

پێوەر
....
balanza

خاولی حەمام
....
bata

دەستەوانەی چەرم
....
guantes de goma

تامپۆن
....
tampón

خاولی خاوێنکردنەوە
....
toallita femenina

ئاودەستی کیمیایی
....
baño químico

ژووری منداڵ

cuarto de los chicos

سەعاتی زەنگدار
despertador
گەمەی شیرن
peluche
ماشێنی یاری
coche de juguete
شەقشەقەی منداڵ
sonajero
خانووی بووکەشووشە
casa de muñecas
دیاری
regalo

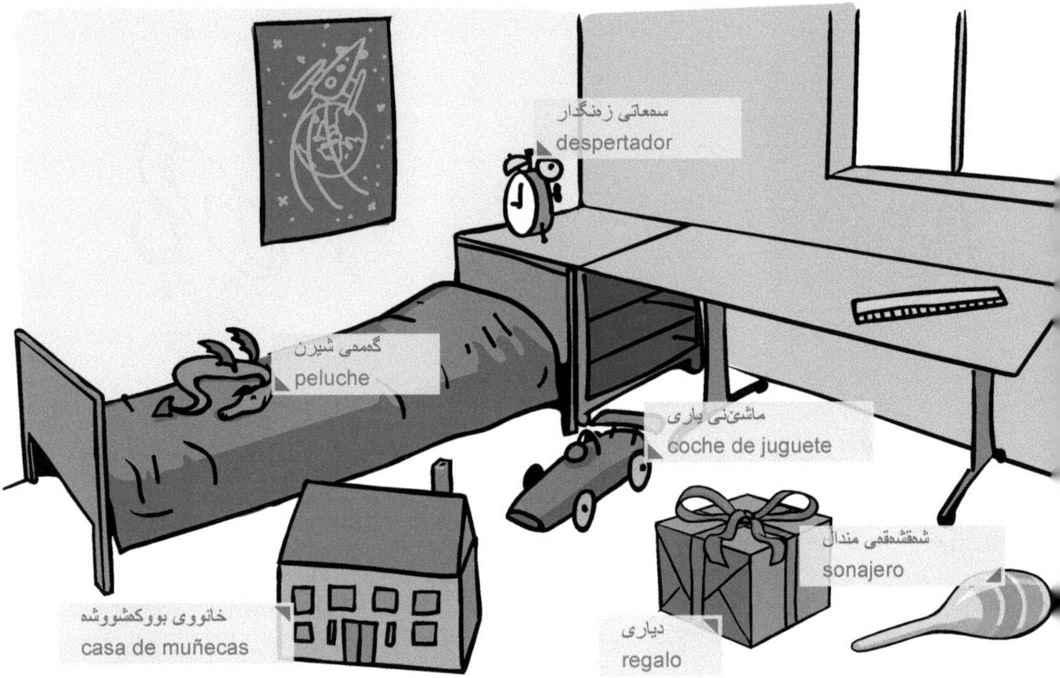

باڵۆن

globo

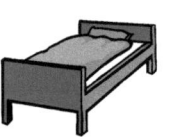

پێخەف، نوێن

cama

داشقەی منداڵ

cochecito

گەمەی کارت

cartas

مەتەڵ، مەتەڵۆک

rompecabezas

کۆمێدی

historieta

خشتی لێگۆ

piezas de lego

خشتی یاری

ladrillos de juguete

بووکە شووشە

figura de acción

جلی منداڵ

enterito (de bebé)

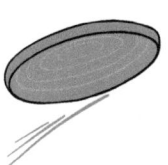

یاری فریزبی

frisbee

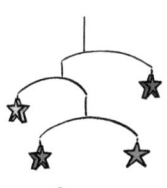

بزۆک، جووڵێنراو

móvil para bebés

یاری تەختە

juego de mesa

مۆرە

dados

مۆدێلی شەمەندەفەر

tren eléctrico

مەمکە مژە

chupete

میوانی، جەژن

fiesta

کتێبی وێنەدار

libro de cuentos ilustrado

توپ

pelota

بووکەشووشە

muñeca

کایە کردن، یاری کردن

jugar

قورتی خیزوخۆڵ

arenero

جۆلانە

hamaca

کایەی منداڵان، یاری منداڵان

juguetes

گەمەی ڤیدیۆیی

consola de videojuegos

سێچەرخە

triciclo

ورچی یاری

osito de peluche

کەنتۆر

armario

جلوبەرگ

ropa

گۆرەوی

medias

گۆرەوی درێژ

medias panty

گورەوی درێژ

calzas

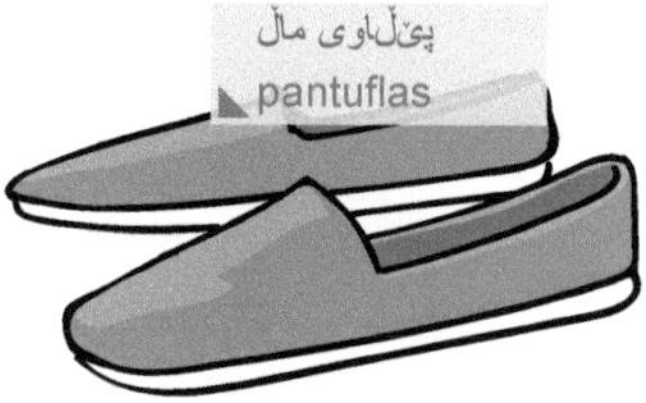

شاڵی مل
bufanda

چەتر
paraguas

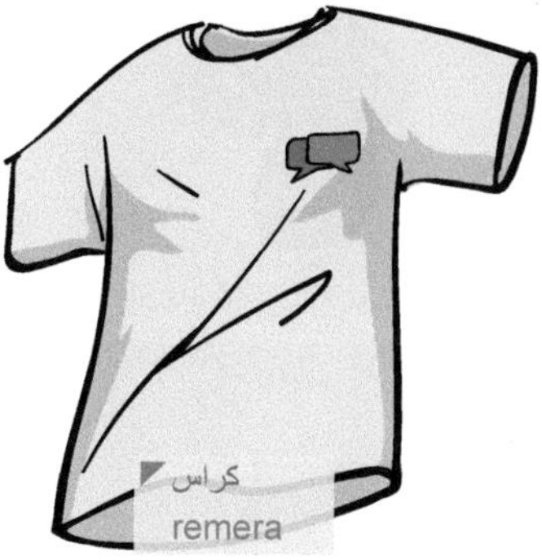

کراس
remera

قایش، پشتێن
cinturón

پێڵاو
zapatillas

چەکمە، پۆتین
botas

پێڵاوی ماڵ
pantuflas

پاپوچ

sandalias

کەوش، پێڵاو

zapatos

چەکمەی چەرم

botas de goma

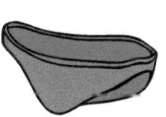

پانتۆڵی ژێرەوە

ropa interior

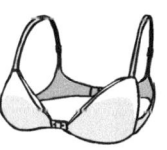

ستیان، سوخمە

corpiño

جلیسقە

chaleco

جەستە، لەش

body

پانتۆڵ

pantalones

پانتۆڵ

jeans

دامەن، تەنوورە

pollera

کراس

blusa

کراس

camisa

بلووز

pulóver

بلووز

buzo

چاکەت

blazer

چاکەت

campera

باڵتە

tapado

بارانی

piloto

پۆشاک

traje

کراسی ژنانە

vestido

جلی زەماوەند

vestido de novia

چاکەت و پانتۆڵ

traje

جلی خەو

camisón

جلی خەو

pijama

ساری

sari

لەچکە

pañuelo para cabeza

جەمەدانە، سەرپێچ

turbante

بۆرکا

burka

کەفتان

caftán

عەبا

abaya

جل و بەرگی مەلەکردن

traje de baño

پانتۆڵی مەلە

short de baño

پانتۆڵی کورت

shorts

جلوبەرگی ڕاهێنان

jogging

بەروانکە، بەرکوشە

delantal

دەستەوانە

guantes

دوگمه
botón

چاویلکه
anteojos

بازنه
pulsera

ملوانکه
collar

ئەنگوستیله
anillo

گواره
aro

کڵاو
gorra

داری جل هەڵواسین
percha

کڵاو
sombrero

بۆینباخ
corbata

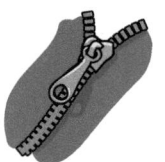

زیپ
cierre

کڵاوی پارێزەر
casco

هەڵگر
tiradores

جلی قوتابخانه
uniforme escolar

یەکپۆش
uniforme

بەرلیکە، بەرکۆشی منداڵ

babero

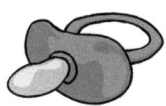

مەمکە مژە

chupete

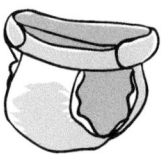

دایبی، پەڕۆشۆر

pañal

نووسینگە، فەرمانگە

oficina

servidor
archivero
چاپکەر
impresora
کاغەز
papel
مۆنیتۆر، پیشانگەر
monitor
مێزی نووسین
escritorio
ماوس
mouse
بۆخچە
carpeta
تەختەکلیل
teclado
سەبەتەی کاغەز
tacho (de basura)
کۆمپیوتەر
computadora
کورسی
silla

کۆپی قاوە

taza de café

ژمێرەر

calculadora

ئینتەرنێت

internet

لەپتۆپ

laptop

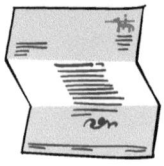

نامە

carta

پەیام

mensaje

موبایل، تەلەفۆنی دەست

celular

تۆڕ

red

ئامێری لەبەرگرتنەوە، کۆپیکەر

fotocopiadora

نەرمەکالا

software

تەلەفۆن

teléfono

ساکێتی دووشاخە

tomacorriente

ئامێری فەکس

fax

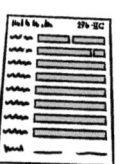

فۆرم

formulario

بەڵگە

documento

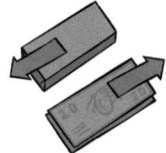

کڕین
....
comprar

پارەدان
....
pagar

بازرگانی، ئاڵوگۆڕکردن
....
hacer negocios

پارە، دراو
....
dinero

دۆلار
....
dólar

یۆرۆ
....
euro

یەن
....
yen

ڕووبڵی ڕووسی
....
rublo

فرانکی سویسی
....
franco suizo

یوان، یەکەی دراوی چینی
....
yuan

ڕووپییە
....
rupia

مەکینەی پارە
....
cajero automático

نووسینگەی گۆڕینەوەی دراو

casa de cambio

زێڕ

oro

زێو

plata

نەوت

petróleo

وزە

energía

بەها، نرخ

precio

ڕێکەوتننامە

contrato

باج

impuesto

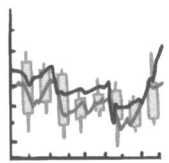

سەهام

acción

کارکردن

trabajar

کارمەند، کارکەر

empleado

خاوەنکار

empleador

کارخانە

fábrica

دووکان

negocio

ئیشەکان

ocupaciones

فەرمانبەری پولیس
policía
ئاگرکووژێنەر
bombero
چێشتلێنەر
cocinero
دکتۆر
médico
فڕۆکەوان
piloto

باخەوان

jardinero

دارتاش، مەرەنگوێز

carpintero

خەییات

modista

دادوەر

juez

کیمیازان

farmacéutico

شانۆگەر، شانۆکار

actor

شۆفیری پاس

colectivero

شۆفیر تاکسی

taxista

ماسیگر

pescador

کڵفەت

mucama

وەستای سەربان

techista

خزمەتکار

mozo

ڕاوچی

cazador

بۆیاخچی

pintor

نانکەر

panadero

کارەباچی

electricista

بەننا

albañil

ئەندازیار

ingeniero

قەساب

carnicero

وەستای بۆری

plomero

پۆستەچی

cartero

سەرباز

soldado

نەخشەکێش

arquitecto

ژمێریار، خەزەندار

cajero

گوڵفرۆش

florista

ئارایشگەر

peluquero

گەیێنەر

cobrador

میکانیک

mecánico

کەشتیوان

capitán

ددانساز، دوکتوری ددان

dentista

زانا

científico

مەڵای جوولەکان

rabino

ئیمام

imán

کەسی ئایینی

monje

قەشە

sacerdote

ئامراز و کەرەستە
herramientas

پلایز
tenaza
چەکووش
martillo
پێچبادەر
destornillador
مەشخەڵ
linterna
جەرەبادەر
llave

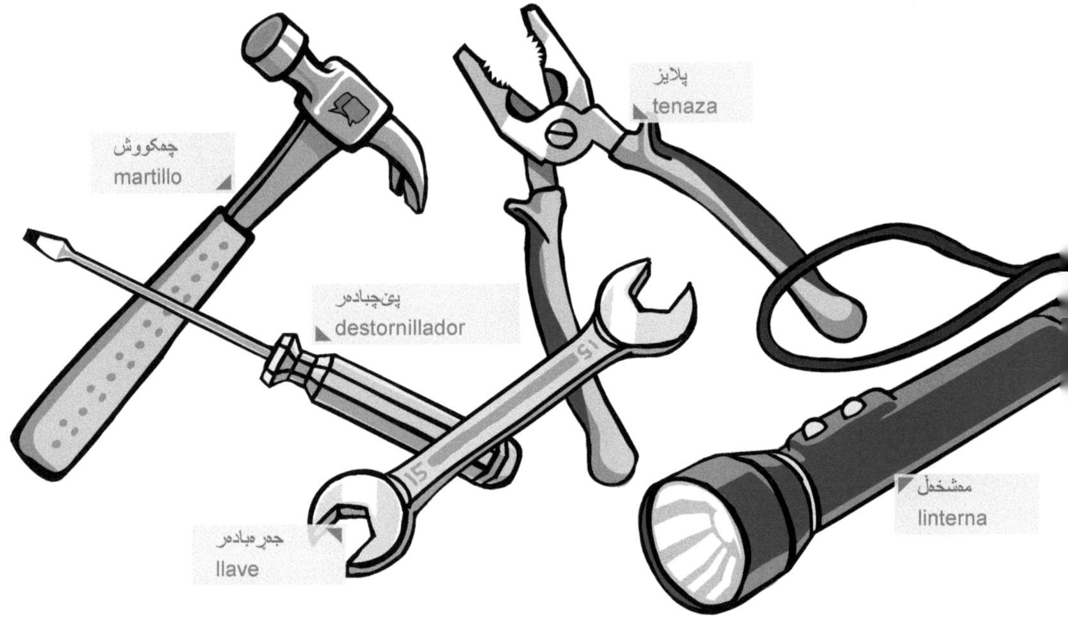

شۆفڵ

excavadora

سندووقی ئامراز

caja de herramientas

پەیژە

escalera portátil

مشار

sierra

بزمارەکان

clavos

کونکەرە

taladro

چاککردنەوە
....
arreglar

پێمڕە
....
pala de jardín

نەفرەت!
....
¡Qué bronca!

خاکەناز
....
pala de plástico

قتووی بۆیاخ
....
tacho de pintura

پێچمکان، جەرمەکان
....
tornillos

ئامێرەکانی مووزیک
instrumentos musicales

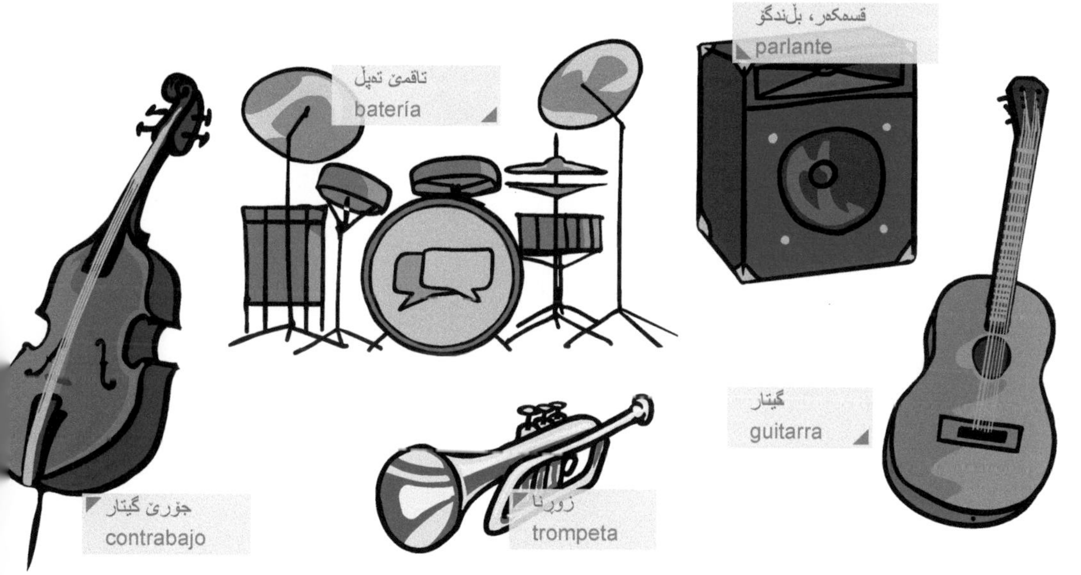

قسمکەر، بڵندگۆ
parlante

تاقمێ تەبڵ
batería

گیتار
guitarra

جۆری گیتار
contrabajo

زورنا
trompeta

پیانۆ

piano

کەمانچە

violín

گیتار

bajo

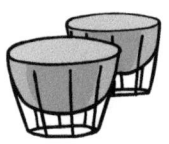

دەهۆڵ

timbales

تەپڵ

tambor

تەختەکلیل

teclado

ساکسافۆن

saxofón

فلووت، شمشاڵ

flauta

مایکرۆفۆن

micrófono

باخچەی ئاژەڵان
zoológico

entrada
tigre
قەفەز
jaula
کەرەکێوی
cebra
خواردنی ئاژەڵان
alimento para animales
ورچی پاندا
oso panda

ئاژەڵەکان
animales

فیل
elefante

کانگۆرۆ
canguro

کەرکەدەن
rinoceronte

گۆریلا
gorila

ورچ
oso

وشتر

camello

وشترمریشک

avestruz

شێر

león

مەیموون

mono

فڵامینگۆ

flamenco

تووتی

loro

ورچی جەمسەری

oso polar

پێنگوین

pingüino

قرش، سەگەماسی

tiburón

تاووس

pavo real

مار

serpiente

تیمساح

cocodrilo

پارێزەری باخچەی ئاژەڵان

cuidador del zoológico

سەگی دەریایی

foca

پڵینگ

jaguar

ئەسپی قەزەم

poni

پشیلەی پڵینگی

leopardo

ئەسپی ئاوی

hipopótamo

زەرافە

jirafa

هەڵۆ

águila

بەرازی کێوی

jabalí

ماسی

pescado

کیسەڵ

tortuga

واڵڕاس، ئاژەڵێکی دەریایی

morsa

ڕێوی

zorro

ئاسک

gacela

وەرزش
deportes

تۆپی‌پێی ئەمریکی
fútbol americano
دووچەرخەلێخوڕین
ciclismo
تێنیس
tenis
تۆپی باسکە
básquet
مەلەکردن
natación
هۆکی سەر سەهۆڵ
hockey sobre hielo
بۆکسێن
boxeo

فووتبۆڵ

fútbol

بەدمینتۆن

bádminton

وەرزشوان

atletismo

هەندباڵ

handball

خلیسکێن

esquí

پۆلۆ

polo

چالاکیەکان
actividades

پێکەنین
reír
بازکردن
saltar
لەباوەشگرتن، لەئامێزگرتن
abrazar
بەرێدارۆیشتن، پیاسەکردن
caminar
گۆرانی خوێندن
cantar
خەون دیتن، خەون بینین
soñar
پارانەوە، نوێژکردن
rezar
ماچکردن
besar

نووسین
escribir

وێنەکێشان
dibujar

نیشاندان
mostrar

پاڵ پێوەنان
presionar

دان
dar

هەڵگرتن
tomar

هەبوون

tener

کردن

hacer

بوون

ser

ڕاوەستان

estar parado

هەڵاتن

correr

کێشان

tirar

هاویشتن

tirar

کەوتن

caer

درۆکردن

estar acostado

چاوەڕێبوون

esperar

هەڵگرتن

llevar

دانیشتن

estar sentado

جل لەبەرکردن

vestirse

خەوتن

dormir

لەخەوهەستان

despertar

چاولێکردن

mirar

گریان

llorar

جەڵتەڵێدان

acariciar

قژداهێنان، شانەکردن

peinar

قسەکردن

hablar

تێگەیشتن

entender

پرسیارکردن، پرسین

preguntar

گوێڕاگرتن

escuchar

خواردنەوە

beber

خواردن

comer

ڕێکوپێک کردن

ordenar

خۆشویستن

amar

چێش لێنان

cocinar

شۆفێریکردن

manejar

فڕین

volar

کەشتیوانی

navegar

حساب‌کردن، ژماردن

calcular

خوێندنەوە

leer

فێربوون

aprender

کارکردن

trabajar

زەماوەندکردن

casarse

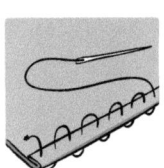

دورین، دورومانکردن

coser

فڵچە لەددان دان

cepillarse los dientes

کوشتن

matar

جگەرەکێشان

fumar

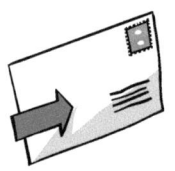

ناردن

enviar

دايمگەورە
abuela

باوانگەورە
abuelo

باوک، باب
padre

دايک
madre

مندالی ساوا
bebé

کچ
hija

کور
hijo

میوان
invitado

پوور
tía

مام، خاڵ
tío

برا
hermano

خوشک
hermana

جەستە، لەش

cuerpo

ناوچاوان، تویَڵ
frente
چاو
ojo
شان
hombro
قامک
dedo
دەموچاو، ڕوومەت
cara
چەنە
pera
دەست
mano
لاق
pierna
سنگ
pecho
باسک، قۆڵ
brazo

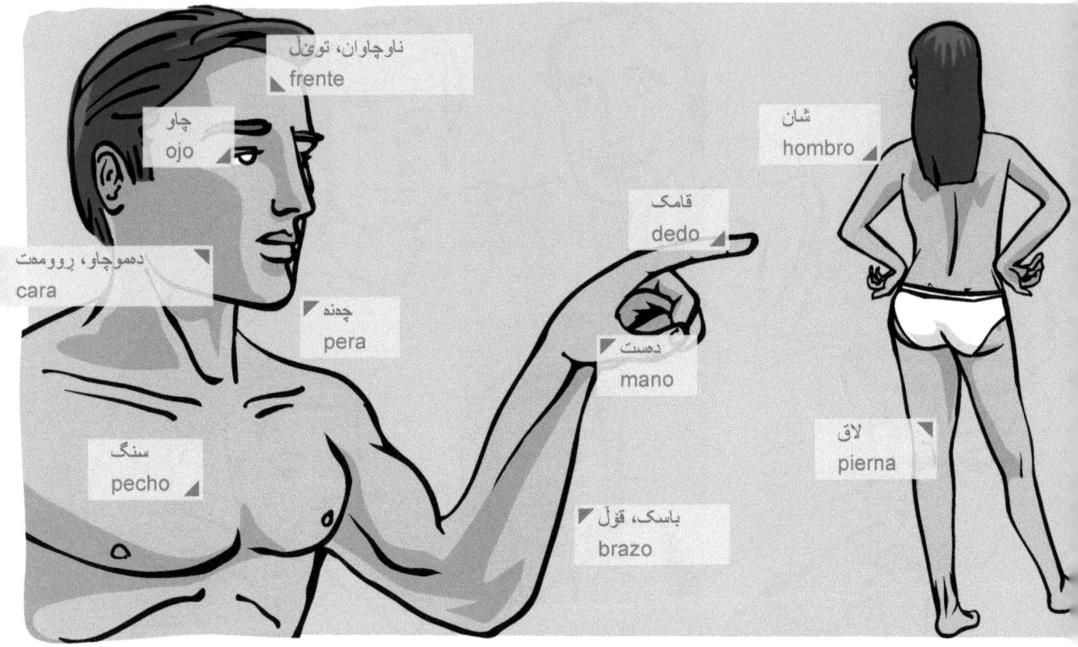

منداڵی ساوا

bebé

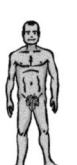

پیاو

hombre

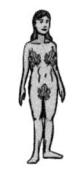

ژن

mujer

کچ

nena

کوڕ

nene

سەر

cabeza

پشت

espalda

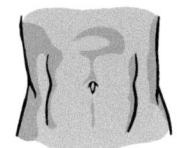

زگ

panza

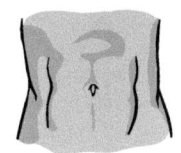

ناوک

ombligo

قامکی پێ

dedo del pie

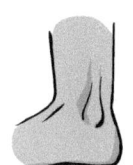

پاژنەی پێ

talón

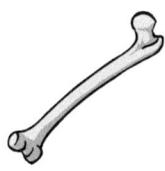

ئێسقان، ئێسک

hueso

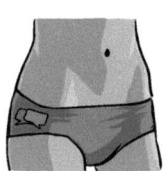

سمت

cadera

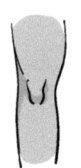

ئەژنۆ

rodilla

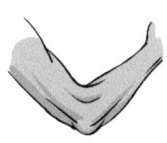

ئانیشک

codo

لووت

nariz

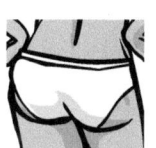

قوون

cola

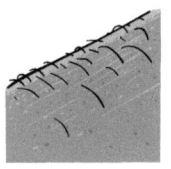

پێست

piel

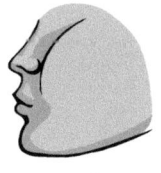

گوپ

cachete

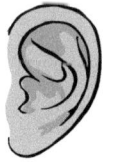

گوێ

oreja

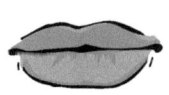

لێو

labio

دەم، زار

boca

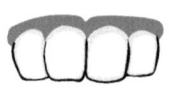

ددان

diente

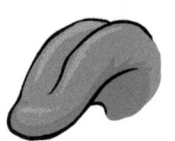

زمان

lengua

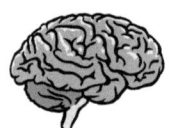

مێشک

cerebro

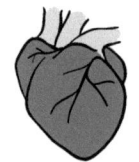

دڵ

corazón

ماسوولکە

músculo

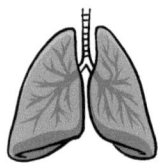

سیپەلاک، سی

pulmón

جەرگ

hígado

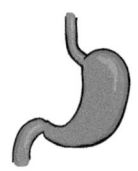

گەدە

estómago

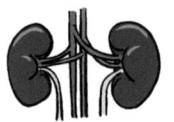

گورچیلە

riñones

سێکس

sexo

کۆندۆم

preservativo

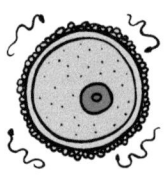

توو، گەرا

óvulo

تۆو

semen

دووگیانی

embarazo

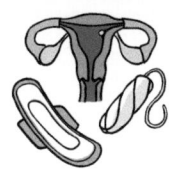

کەوتنە سەر خوێن

menstruación

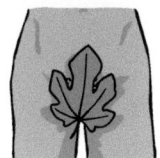

زێ

vagina

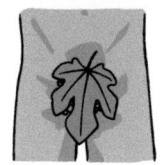

کێر

pene

برۆ

ceja

قژ

pelo

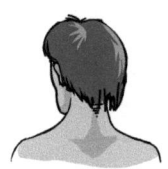

مل

cuello

نەخۆشخانە، خەستەخانە

hospital

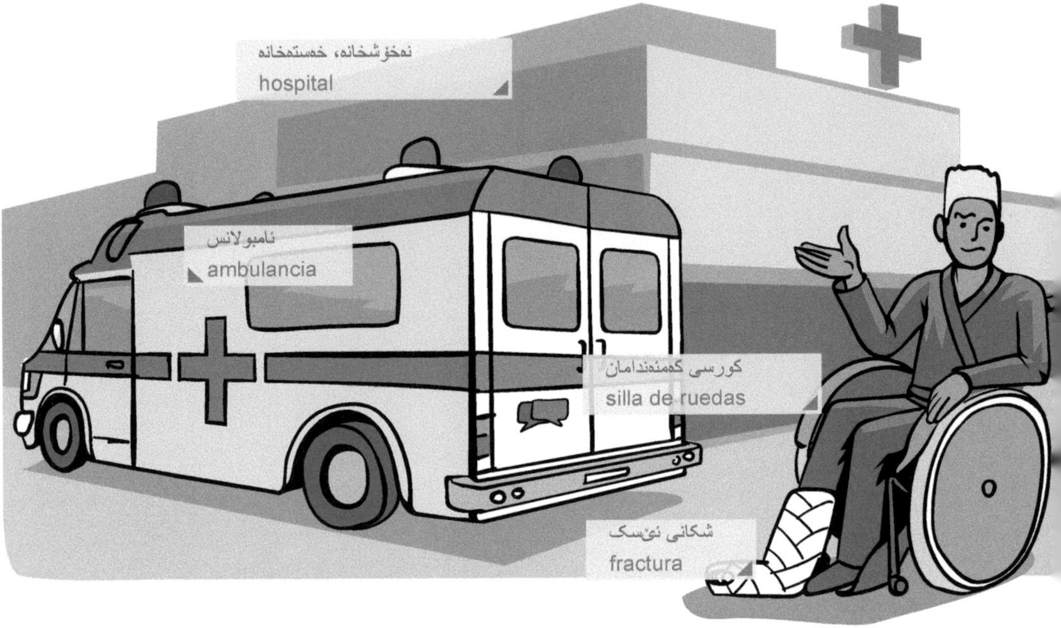

ئامبولانس
ambulancia
کورسی کەمئەندامان
silla de ruedas
شکانی ئێسک
fractura

دکتۆر

médico

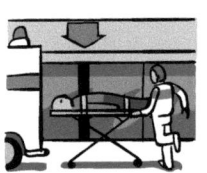

ژووری فریاکەوتن

sala de guardia

نەخۆشوان

enfermera

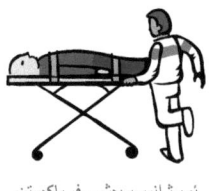

ئورژانس، بەشی فریاکەوتن

emergencia

بێهۆش

inconsciente

ژان، ئێش

dolor

برینداری

lesión

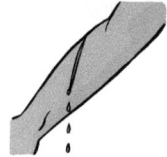

خوێنڕژی

hemorragia

جەڵتەی دڵ

infarto

جەڵتە

ACV

ئالێرژی، هەستیاری

alergia

کۆخە

tos

تا

fiebre

ئەنفلۆنزا

gripe

زگچوون

diarrea

سەرێشە، ژانەسەر

dolor de cabeza

سەرەتان

cáncer

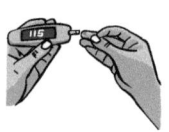

شەکرە

diabetes

نەشتەرگەر

cirujano

نەشتەر، چەقۆی توێکاری

bisturí

نەشتەرگەری

operación

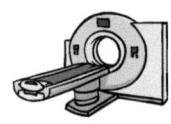

CT

TC

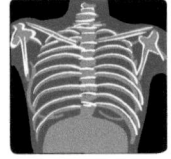

تیشکی ئێکس

rayos x

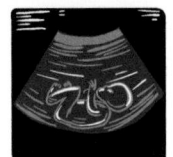

ئوڵتراساوند

ecografía

ماسکی ڕوومەت

barbijo

نەخۆشی

enfermedad

ژووری چاوەڕێبوون

sala de espera

گۆچان

muleta

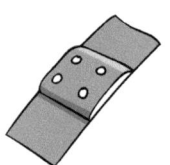

مشەما

curita

برین پێچ

venda

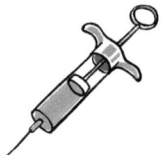

دەرزی لێدان

inyección

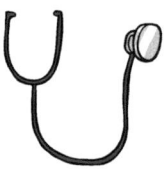

بیستۆکی پزیشک

estetoscopio

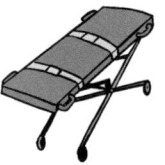

داربەست

camilla

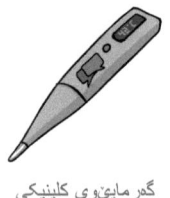

گەرماپێوی کلینیکی

termómetro

لەدایکبوون

nacimiento

زیادەکێشد/قەڵەویی

sobrepeso

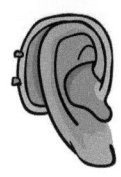

بیستۆک

audífono

میکرۆبکوژ

desinfectante

چڵک

infección

ویروس

virus

ئەیدز

VIH / SIDA

دەرمان

remedio

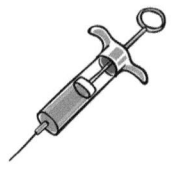

کوتان

vacunación

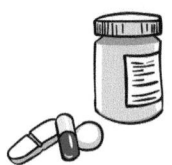

حەب

comprimidos

حەب

pastilla anticonceptiva

تەلەفۆنی فریاکەوتن

llamada de emergencia

پیشانگەری پەستانی خوێن

tensiómetro

نەخۆش / سڵامەت

enfermo / sano

ئورژانس، بەشی فریاکەوتن

emergencia

یارمەتی!

¡Ayuda!

ئاگادارکردنەوە، ئەلارم

alarma

دەستدرێژی

agresión

هێرشکردن

ataque

مەترسی

peligro

چوونەدەرەوەی ئورژانس

salida de emergencia

ئاگر!

¡Fuego!

ئاگرکوژێنەوە

matafuego

ڕووداو، پێشهات

accidente

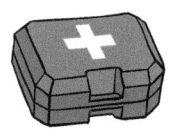

قوتووی یارمەتی فریاکەوتن

botiquín de primeros auxilios

SOS

SOS

پولیس

policía

ئەرز، زەوی
Tierra

ئەورۆپا
Europa

ئەمریکای باکوور
América del Norte

ئەمریکاری باشوور
América del Sur

ئافریقا
África

ئاسیا
Asia

ئوسترالیا
Australia

ئەتڵەسی، ئۆقیانووسی ئەتڵەسی
Atlántico

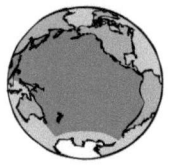

زەریای هێمن
Pacífico

ئۆقیانووسی هیندی
Océano Índico

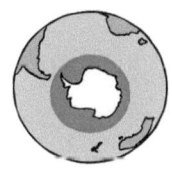

ئۆقیانووسی جەمسەری باشوور
Océano Antártico

ئۆقیانووسی جەمسەری باکوور
Océano Ártico

جەمسەری باکوور
polo norte

جەمسەری باشوور

polo sur

ناوچەی جەمسەری باشوور

Antártida

ئەرز، زەوی

Tierra

خاک، وشکانی

tierra

دەریا، زەریا

mar

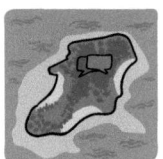

دوورگە

isla

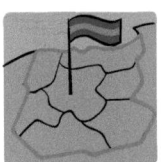

گەل، نەتەوە

nación

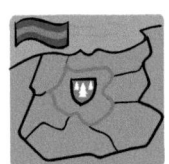

وڵات، پارێزگا، دەوڵەت

estado

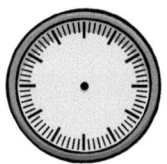

کاتژمێر

reloj

روخساری کاتژمێر

esfera

نیشاندەری کاتژمێر

manecilla de las horas

نیشاندەری خولەک

minutero

دەستی دوو

segundero

کاتژمێر چەندە؟، سەعات چەندە؟

¿Qué hora es?

ڕۆژ

día

کات، زەمان

hora

ئێستا، هەنووکە

ahora

کاتژمێری دیجیتاڵی

reloj digital

خولەک

minuto

کاتژمێر

hora

هەفتە

semana

دووشەممە
lunes
سێشەممە
martes
چوارشەممە
miércoles
پێنجشەممە
jueves
هەینی
viernes
شەممە
sábado
SA
یەکشەممە
domingo

دوێنێ

ayer

ئەمڕۆ، ئەورۆ

hoy

سبەینێ

mañana

بەیانی

mañana

نیوەڕۆ

mediodía

ئێوارە

tarde

ڕۆژی کار

días hábiles

کۆتایی هەفتە

fin de semana

سالٚ

año

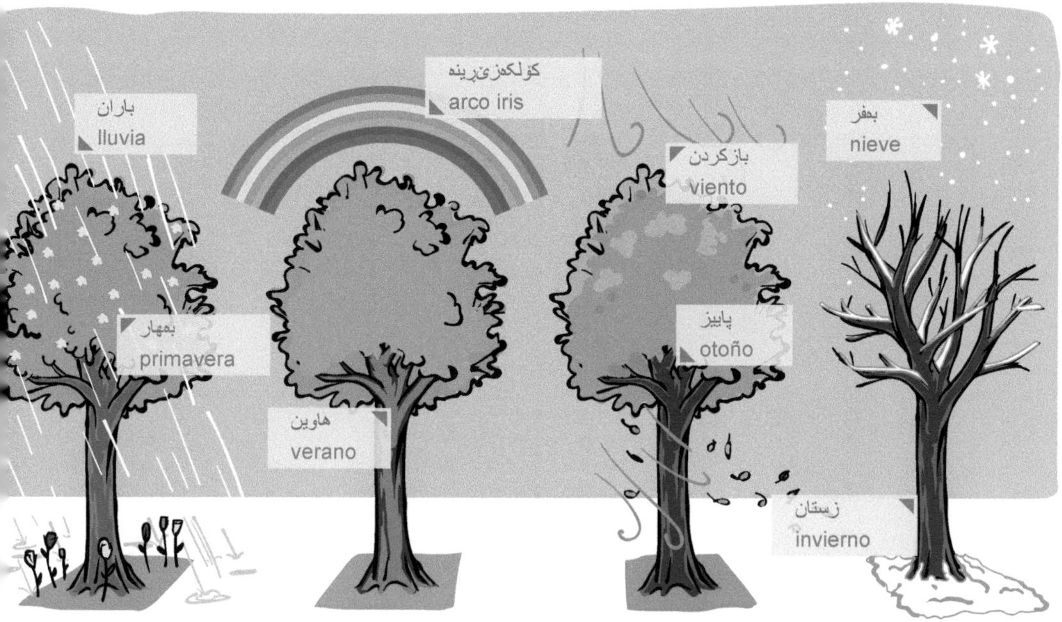

باران
lluvia
کۆلکەزێڕینە
arco iris
بازکردن
viento
بەفر
nieve
بەهار
primavera
هاوین
verano
پاییز
otoño
زستان
invierno

4.APRIL 11°
5.APRIL 4°
6.APRIL 13°
7.APRIL 8°
8.APRIL 10°

پێشبینی هەوا

ronóstico meteorológico

F
C
120
90
60
30
0
-30
40
30
20
10
0
-10
-20

گەرماپێو

termómetro

خۆرەتاو

luz del sol

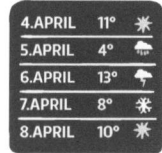

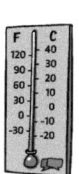

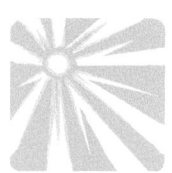

هەور

nube

تەمومژ

niebla

تەڕایی

humedad

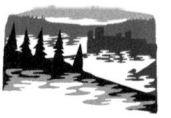

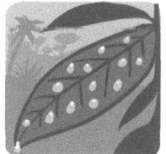

هەورەتریشقە، بروسکە

rayo

هەورەگرمە

trueno

باوبۆران، تۆفان

tormenta

تەرزە

granizo

مانسوون

monzón

لافاو

inundación

سەهۆڵ

hielo

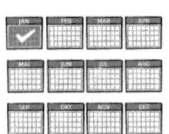

جانیەوەری

enero

فێبریوەری

febrero

مارچ

marzo

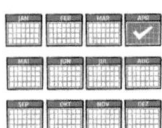

ئەپریل

abril

مەی

mayo

جوون

junio

جوولای

julio

ئۆگۆست

agosto

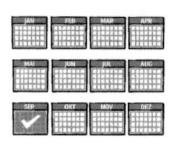

سێپتەمبەر

septiembre

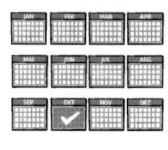

ئۆکتۆبەر

octubre

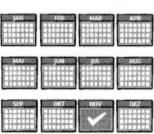

نۆڤەمبەر

noviembre

دیسەمبەر

diciembre

شێوەکان

formas

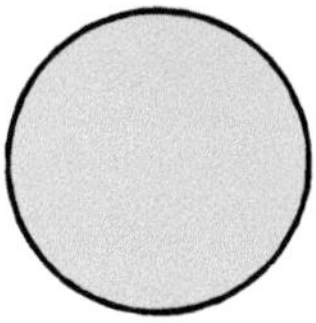

بازنە

círculo

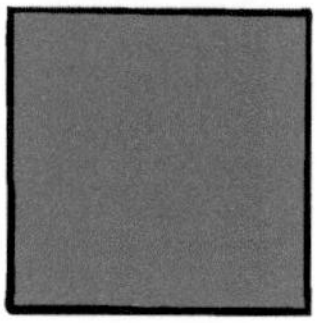

چوارگۆشە

cuadrado

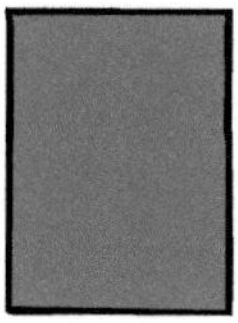

چوارگۆشەی درێژ

rectángulo

سێگۆشە

triángulo

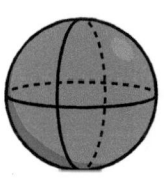

تۆپ، گۆ

esfera

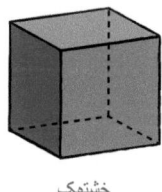

خشتەک

cubo

ڕەنگەکان

colores

سپی

blanco

زەرد

amarillo

پرتەقاڵیی

naranja

پەمەیی

rosa

سوور

rojo

بنەوش

violeta

شین

azul

سەوز

verde

قاوەیی

marrón

بۆر

gris

ڕەش

negro

زۆر / کەم

mucho / poco

تووڕە / لەسەرەخۆ

enojado / tranquilo

جوان / ناحەز

lindo / feo

سەرەتا / کۆتایی

principio / fin

گەورە / چکۆلە

grande / chico

ڕووناک / تاریک

claro / oscuro

برا / خوشک

hermano / hermana

خاوێن / چڵکن

limpio / sucio

تەواو / ناتەواو

completo / incompleto

ڕۆژ / شەو

día / noche

مردوو / زیندوو

muerto / vivo

پان / تەنگ

ancho / angosto

خۆش / ناخۆش

....

comestible / no comestible

نەگریس / بەبەزەیی

....

malo / amable

وروژاو / بێزار

....

entusiasmado / aburrido

قەڵەو / لاواز

....

gordo / flaco

یەکەم / ناخر

....

primero / último

دۆست / دوژمن

....

amigo / enemigo

پڕ / خاڵی

....

lleno / vacío

ڕەق / نەرم

....

duro / blando

قورس / سووک

....

pesado / liviano

برسی / توونی

....

hambre / sed

نەخۆش / سڵامەت

....

enfermo / sano

نایاسایی / یاسایی

....

ilegal / legal

زیرەک / گەمژە

....

inteligente / estúpido

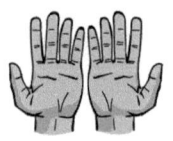

چەپ / ڕاست

....

izquierda / derecha

نزیک / دوور

....

cerca / lejos

نوێ / کۆن، بەکارهاتوو

nuevo / usado

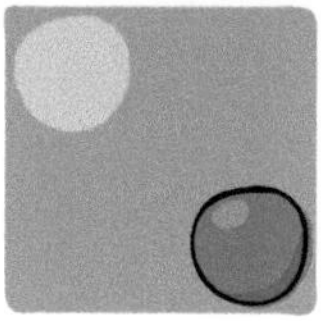

هیچ شتێک / شتێک

nada / algo

پیر / لاو

viejo / joven

هەڵکراو / کوژاوه

encendido / apagado

کراوه / داخراو

abierto / cerrado

بێدەنگ / دەنگی بەرز

silencioso / ruidoso

دەوڵەمەند / هەژار

rico / pobre

ڕاست / هەڵە

correcto / incorrecto

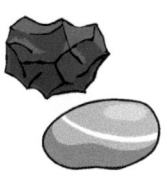

زبر / ساف

áspero / suave

خەمین / خۆشحاڵ

triste / contento

کورت / درێژ

corto / largo

هێواش / خێرا

lento / rápido

تەڕ / وشک

mojado / seco

گەرم / فێنک

caliente / frío

شەڕ / ئاشتی

guerra / paz

ژمارەکان

números

0
سیفر
cero

1
یەک
uno

2
دوو
dos

3
سێ
tres

4
چوار
cuatro

5
پێنج
cinco

6
شەش
seis

7
حەوت
siete

8
هەشت
ocho

9
نۆ
nueve

10
دە
diez

11
یازدە
once

12

دوازده

doce

13

سیَزده

trece

14

چوارده

catorce

15

پازده، پانزه

quince

16

شازده

dieciséis

17

حەفدە

diecisiete

18

هەژده

dieciocho

19

نۆزده

diecinueve

20

بیست

veinte

100

سەد

cien

1.000

هەزار

mil

1.000.000

میلیۆن

millón

زمانەکان

idiomas

ئینگلیزی

inglés

ئینگلیزی ئەمەریکی

inglés americano

چینی ماندارین

chino mandarín

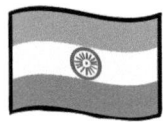

هیندی

hindi

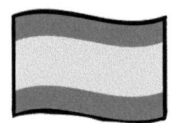

ئیسپانی

español

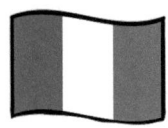

فەرەنسی

francés

عەرەبی

árabe

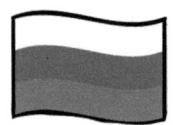

ڕووسی

ruso

پۆرتوگالی

portugués

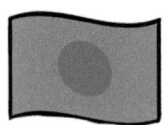

بەنگالی

bengalí

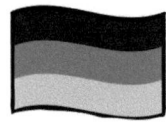

ئاڵمانی

alemán

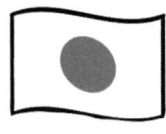

ژاپۆنی

japonés

کێ / چی / چۆن

quién / qué / cómo

من

yo

تۆ

vos

ئەو

él / ella

ئێمە

nosotros

ئێوە

ustedes

ئەوان

ellos

کێ؟

¿quién?

چی؟

¿qué?

چۆن؟

¿cómo?

لەکوێ؟

¿dónde?

کەنگێ؟ کەی؟

¿cuándo?

ناو

nombre

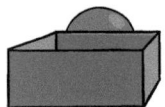

شوێن

dónde

لەپشت

detrás

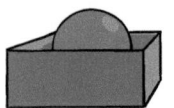

لە

en

لەپێش

adelante de

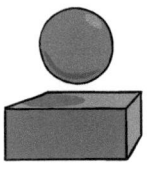

سەری

por encima de

لەسەر

sobre

ژێر

debajo de

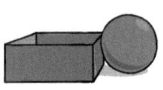

لە تەنیشت

al lado de

لەنێوان

entre

شوێن، جێ

lugar